NEUROPLASTIZITÄT

Lernen Sie schlechte Gewohnheiten abzulegen und
gesteckte Ziele endlich zu erreichen! Nutzen Sie
dafür die Wissenschaft über die Formbarkeit
unseres Gehirns.

Andreas Senkbeil

INHALTSVERZEICHNIS

Kapitel 4:   Erreichen Sie Ihre Ziele 41

KAPITEL 1

WAS IST NEUROPLASTIZITÄT?

Was Sie in diesem Buch lernen, kann Ihr Leben verändern

Sie sind kurz davor auf eine Reise in die aufregende Welt der Neuroplastizität aufzubrechen. In diesem Kapitel werden Sie lernen was "Neuroplastizität" bedeutet, zusammen mit einigen grundlegenden Begriflichkeiten über unser Gehirn, die Ihnen helfen werden zu verstehen, was in Ihrem Gehirn so alles vorgeht, wenn Sie neue Fähigkeitem erlernen oder Ihr Wissen erweitern. Sie bekommen einen Überblick, über die neusten Forschungsergebnisse, die Psychologen veröffentlicht haben und die beweist, dass Neuroplastizität ein aufregendes Phänomenen ist, dass in vielen verschiedenen Gruppen, in Dutzenden von wissenschaftlichen Studien beobachtet wurde. Sie werden lernen, wie Sie das Beste aus diesen Erkenntnissen machen und für Ihr tägliches Leben einsetzen, sowie die Lernfähigkeit verbessern und sogar ihre Stimmung regulieren können. Sie werden verstehen, warum es ihre primäre Sorge sein sollte, ihre Ess- und Schlafgewohnheiten zu festigen, bevor Sie den vollen Nutzen aus Ihrem wunderbaren und plastischen Gehirn ziehen können.

Was ist "Neuroplastizität"?

Grundlegend bezieht sich der Begriff "Neuroplastizität" auf die Fähigkeit des Gehirns sich zu verändern. Unsere Gehirne sind keine Klumpen von träger, grauer Substanz, die in unserem Schädel sitzen. Es gibt dynamische Organe, die sich von der ersten Lebenswoche an bis zum Tod weiter entwickeln.

Jedes Mal, wenn Sie mit Ihrer Umgebung interagieren oder ein bestimmtes Verhalten annehmen, werden die relevanten Wege innerhalb Ihres Gehirns verstärkt.

Die wichtige Nachricht aus diesem Buch ist wie folgt:

Wenn Sie Ihr Verhalten und Ihre Art zu Denken verändern, dann machen Sie einen riesigen Schritt in Richtung Entwicklung Ihrer Potenziale als Mensch.

Die Wissenschaft der Neuroplastizität hat Akademiker, Doktoren und alle, die an der Selbstentwicklung interessiert sind ermutigt, einen optimistischeren Blick auf das menschliche Potenzial für Wachstum und Veränderung in jedem Alter zu werfen. Wenn Sie also ein glücklicheres, produktiveres Leben (und wer will das nicht?) führen wollen, dann sind die Infos über Neuroplastizität und ihre Anwendungen ein toller Anfang.

Gehirn 101 – die Grundlagen

Um Neuroplastizität ganz verstehen zu können, ist es wichtig, dass Sie ein paar Grundkonzepte und Begriffe verstehen. Keine Angst – es gibt nicht viele! Damit Sie das Beste aus diesem Buch herausholen können, gebe ich Ihnen noch ein ein wenig Hintergrundwissen was Ihnen hilft das Thema besser zu verstehen.

Zuerst ist es hilfreich ein wenig darüber zu wissen, wie Ihr Gehirn aufgebaut ist. Wenn Sie an Gehirn denken, dann stellen Sie sich wahrscheinlich das Äußere vor – der Teil der grau und zerknittert erscheint. Der wissenschaftliche Name für diesen Bereich des Gehirns lautet Großhirn. Es ist in zwei Hälften geteilt, bekannt als Gehirnhälften. Unter dem äußerlich grauen Bereich (auch bekannt als "graue Angelegenheit"), gibt es eine weiße Schicht, bekannt als "weiße Angelegenheit".

Die meisten Wissenschaftler stimmen zu, dass es das Großhirn ist, das uns menschlich macht. Es gibt uns die Fähigkeiten uns zu Besinnen, zu lernen und andere bewusste geistige Vorgänge durchzuführen.

Das Großhirn neigt weiterhindazu (mit mehr Falten) in tierischen Spezies, die für ihre Intelligenz bekannt sind, wie Delphine, Elefanten und nicht menschliche Primaten, wie Schimpansen, gut entwickelt zu sein.

Wie Ihr Gehirn aufgebaut ist

Innerhalb des Großhirns haben wir vier Regionen oder Lappen. Diese sind wie folgt:

1. Vorderlappen:

Dieser hilft uns Entscheidungen zu treffen und Pläne zu machen. Er lässt uns in die Zukunft schauen, Belohnungen aufschieben und uns auf verantwortliche Weise zu verhalten. Die Vorderlappen sind bis zu unseren Zwanzigern nicht voll enwickelt, was erklärt, warum Kinder und Jugendliche es typischerweise schwierig finden, so weit in die Zukunft zu sehen und gute langfristige Entscheidungen zu treffen.

2. Seitlicher Lappen:

Dieser hilft uns unsere Umgebung aufmerksam wahrzunehmen und ist verantwortlich für räumliches Bewusstsein. Ihr seitlicher Lappen hilft Ihnen, an einen neuen Ort zu kommen, einen Ball zu fangen und zu bemerken, wie sich etwas anfühlt.

3. Temporaler Lappen:

Dieser ermöglicht es uns Sprache zu verstehen, einen Sinn zu bilden von dem was wir hören und nach höhrender Erinnerung zu malen.

4. Occipitallappen:

Dieser hilft uns bildliche Informationen zu verarbeiten und einen Nutzen daraus zu ziehen. Um wirklich ganz zu schätzen was in der Welt um Sie herum passiert, brauchen Sie nicht nur ein paar funktionierende Augen, sondern Sie müssen auch in der Lage sein, einen Sinn aus dieser sensorischen Information zu ziehen.

Das Spektrum der Gehirnzellen

Das menschliche Gehirn besteht aus vielen verschiedenen Arten von Zellen, aber die zweifelos wichtigsten wenn wir über das Thema Neuroplastizität sprechen, sind die Neurone. Diese Zellen sind verantwortlich dafür Informationen im Gehirn zu übertragen, in dem sie chemische und elektrische Signale nutzen. Es gibt ca. 86 Billionen Neuronen in einem Durchnittsgehirn des Menschen. Jedes Neuron ist in der Lage ca. 10,000 Verbindungen mit anderen Neuronen aufzunehmen. Das stellt eine riesige Zahl von potenziellen Verbindungen dar!

Die Neuronen entwickeln sich in den ersten Monaten des menschlichen Lebens. Ein Embryo entwickelt in etwa 250,000

Neuronen pro Minute. Dieses schnelle Neuronen Wachstum ist bekannt als Neurogenese. Früher glaubte man, dass die Neurogenese in der frühen Kindheit endet, aber es stellte sich heraus, dass unser Gehirn während unseres ganzen Lebens neue Neuronen generieren kann.

Zwischen den Neuronen haben wir Synapsen, die einfach winzige Verknüpfungen sind, die es zwei oder mehr Neuronen ermöglichen chemische oder elektrische Signale weiterzuleiten. Bei der Geburt haben wir ca. 2,500 Synapsen, die dann im Alter von drei Jahren auf 15,000 ansteigen.

Veränderung der Perspektive – wie Wissenschaflter ihre Theorie der Neuroplastizität verändert haben

Wie vorher schon erwähnt, ist das Konzept der Neuroplastizität so aufregend, weil seit Jahrhunderten geglaubt wurde, dass sich das menschliche Gehirn nicht verändern kann, wenn eine Person erst einmal eine körperliche Reife erreicht hat.

Warum haben Wissenschaftlicher geglaubt, dass das Gehirn ein fixer Baustein ist, oder eine Maschine die nicht in der Lage ist sich zu erweitern und zu wachsen?

Zum einen erholen sich Menschen mit Gehirnschäden schlecht von ihren Verletzungen.

Zum Beispiel beobachtete der Neurologe Paul Broca, das die meisten Menschen mit Verletzungen im Broca Bereich (ein Teil des Gehirns, das im vorderen Läppchen liegt) eine Beeinträchtigung in der Sprachfähigkeit erleiden und diese Fähigkeit selten wieder erlangen.

Da die Wissenschaft mehrere Verbindungen zwischen bestimmten Gehirnbereichen und Funktionen entdeckt hat, verbreitete sich die Idee immer mehr, das wir uns auf bestimmte Gehirnbereiche für verschiedene kognitive Fähigkeiten verlassen müssen.

Zweitens war es in den letzten Jahrzehnten so, dass wir in der Lage waren, zu sehen, wie das Gehirn eigentlich in Echtzeit funktioniert.

Experimente an Menschen und Tieren haben gezeigt, dass das Gehirn in der Lage ist, neue Verbindungen zwischen Neuronen zu bilden, als Antwort auf Handlungen und vorsätzliche Gedankenmuster.

Heutzutage haben wir auch Zugang zu Technologien, welche die Verbindungen zwischen und während der Aktivität der individuellen Neuronen überwachen kann.

Wir können menschliche und tierische Gehirne scannen, da sie mehrere kognitive Aufgaben übernehmen und wir können regelmäßig Aufnahmen machen, die es uns ermöglichen, die Beziehung zwischen Verhaltensänderungen und neuronalen Veränderungen zu verstehen.

Neuroplastizität in Bewegung

Ein wichtiger Wendepunkt in der Wissenschaft der Neuroplastizität, ergab sich aus der Entdeckung, dass Menschen die eine Gehirnverletzung erlitten, einige ihrer verlorenen Fähigkeiten wieder erlangen und sich davon erholen konnten. Es stellte sich heraus, dass wenn ein Bereich des Gehirns geschädigt wird, der normalerweise für eine bestimmte Funktion verantwortlich ist, bei geeignetem Training ein anderer Bereich des Gehirns einspringen und diese übernehmen kann.

Zusätzlich können geschädigte Bereiche des Gehirns trainiert und bis zu einem gewissen Ausmaß wieder hergestellt werden, wenn anschließend ein geeignetes Programm in einer fortdauernden Rehabilitation erfolgt.

Wenn jemand zum Beispiel einen Schlaganfall hatte (ein Vorgang, in dem Blutklumpen die Lieferung von Sauerstoff in eine oder mehrere Bereiche des Gehirns verhindern), dann hat er typischerweise danach Schwierigkeiten mit dem Sprechen und Bewegungen auf einer Körperseite.

Damit dieser Patient seine Gliedmaßen wieder benutzen kann und seine Sprechfähigkeit wieder erlangt, wird er gebeten einem umfangreichen Rehabilitationsprogramm zu folgen. Im Herzen jeder gut strukturierten Erholungskur steht eine Reihe von Aufgaben, die stundenlang im Laufe von Tagen, Wochen, Monaten oder sogar Jahren wiederholt werden müssen. Die Logik ist einfach – um geschädigte Bereiche des Gehirns zu heilen, ist es notwendig die Entwicklung neuer Verbindungen zwischen bestehenden Neuronen und ebenso die Neurogenese anzuregen.

Auf diese Art wird das alte neuronale Netzwerk wieder aktiviert und der Patient wird einige seiner verlorenen Fähigkeiten wieder erlangen.

Forschungen mit gesunden Freiwilligen haben gezeigt, dass wenn wir die Fähigkeit zu "sehen" verlieren, unsere anderen Sinne als Reaktion gesteigert werden. Wissenschaftler von der Universität in Montreal haben gezeigt, dass wenn wir die Fähigkeit zu "sehen" für etwa 90 Minuten verlieren, werden wir besser darin Geräusche zu orten.

Weiterhin zeigen blinde Menschen bessere Fähigkeiten in der Geräuschortung, als die Sehenden. Das beweist noch mehr, dass unser Gehirn sich schnell an mehrere Umstände und äußerliche Stimulation anpassen kann.

Das Durchschnittsgehirn hat die wunderbare Fähigkeit mehreren oder wenigeren Quellen bestimmte Funktionen zu widmen, abhängig von der Situation.

Warum hat sich unser Gehirn plastisch entwickelt?

Menschliche Wesen sind zweifelos eine der erfolgreichsten Spezies auf Erden. Unsere Fähigkeiten für Sprache, komplexe Gedanken und die Erschaffung von Kultur hat sich in unsere Herrschaft (zum Guten oder zum Schlechten) über den fast gesamten Planeten ergeben. Einer der Schlüsselfaktoren hinter diesem Erfolg ist die Art in der unser Gehirn sich anpassen kann, egal welchen neuen Herausforderungen wir gegenüberstehen. Dies erklärt warum Menschen es geschafft haben, in fast jeder Umgebung der Erde eine Nische für sich selbst zu schaffen.

Egal, ob wir in einer kalten Tundra leben oder im tropischen Regenwald, jede menschliche Gesellschaft hat es geschafft Wege zu entwickeln, um die Herausforderungen und Gefahren anzunehmen die ihnen gegenüberstehen. Über die vielen Tausende von Jahren der menschlichen Entwicklung waren diejenigen, die es am besten geschafft haben sich anzupassen – z. B. diejenigen mit dem meisten plastischen Gehirnen – am besten in der Lage, auch in rauer Umgebung aufzublühen und diese Fähigkeit geben sie an die Sprößlinge weiter.

Was haben Taxifahrer, Musiker und Jongleure gemeinsam?

Psychologen konnten Neuroplastizität nachweisen, indem sie Gehirnscanmethoden nutzen wie Magnetic Resonance Imaging (bekannt als MRI). Eine der bis heute berühmtesten Studien in der Neuroplastizität zeigt Taxifahrer aus London.

Ein Taxifahrer in Englands Hauptstadt zu sein ist nicht einfach – um erfolgreich zu sein, müssen Sie ein umfangreiches Wissen über die Stadtstruktur erwerben. Dieses Verständnis wird passenderweise als "Wissen" bezeichnet und der Test den sie bestehen müssen, um ihre volle Lizenz zu erhalten ist als "Wissenstest" bekannt.

Der Durchschnitts Möchtegernfahrer verbringt Jahre damit zu lernen über die 25,000 Straßen zu fahren die innerhalb eines sechs Meilen Radius des Charing Cross im Herzen von Londons liegen.

Diese besondere Fähigkeit hat Londons Taxifahrer besonders lernfähig gemacht. Die Forscherinnen Eleanor Maguire und Katherine Woollett aus dem Universitäts College London entschieden sich dazu zu nachzuforschen, ob der Akt des Lernens "Das Wissen"– wortwörtlich – einen Eindruck auf das Gehirn des Fahrers hinterlassen hat. Sie scannten die Gehirne von 79 Ausbildungsfahrern über einen Zeitraum von mehreren Jahren, sie nutzen MRI Technologie, um Veränderungen im Gehirn zu überwachen, die durch das intensive Lernen ausgelöst wurden. Der Prozess indem sie sich auf die Endprüfung vorbereiten ist so fordernd am Ende, dass nur 39 von 79 Auszubildenen den Test bestehen. Am Ende folgten die Forscher dem Prozess in drei Gruppen – diejenigen, die als Taxifahrer ausgebildet wurden und den Test bestanden, diejenigen die ausgebildet wurden, den Test aber nicht bestanden und eine Kontrollgruppe aus Menschen, die niemals ausgebildet wurden. Die Ergebnisse waren erstaunlich.

Bei den Auszubildenden, welche den Stadtgrundriss gelernt hatten und den Test bestanden hatten, nahm der Hippocampus – ein Teil des Gehirns, dass für räumliches Lernen verantwortlich ist - an

Größe zu. Dieser Effekt wurde weder in der Kontrollgruppe noch bei denen, die versucht hatten, "Wissen" zu erwerben, aber den Test nicht bestanden hatten, beobachtet. Weiterhin zeigten andauernde Forschungen, dass je länger eine Person als Taxifahrer arbeitet, umso größer wird der Hippocampus. Das ist ein ausgezeichnetes Beispiel dafür, wie man mit dem richtigen Verhalten und der richtigen Einstellung, sein Gehirn sprichwörtlich schärfen kann, in dem man sich Wissen und Erfahrungen aussetzt. Musiker haben die Wissenschaft der Neuroplastizität ebenfalls unterstützt. Ein Forschungsbericht, der in dem Journal Frontiers in Psychology veröffentlicht wurde, weist darauf hin, dass eine musikalische Ausbildung, die Gehirnstruktur und Funktion verändert. Es scheint wahrscheinlich, dass das Gehirn von Menschen die regelmäßig ein Musikinstrument spielen, geschickter beim Kombinieren des Hörens und der motorischen Bewegung als Antwort auf diese Stimulation sind.

Wenn Sie Musiknoten lesen und gleichzeitig ein Instrument spielen, dann wird Ihr Gehirn dazu genötigt visuelle und hörbare Informationen zu kombinieren. Es scheint wahrscheinlich, dass eine musikalische Ausbildung, das unterstützt, was als audio-visuelle Integration bekannt ist. Mit ansteigender Übung und Hingabe beim Spielen eines Instruments, wird das Gehirn sogar noch besser bei dieser Art der kognitiven Verarbeitung.

Forschungen haben sich auch auf die Auswirkungen des kurzweiligen Trainings von bestimmten Gehirnbereichen konzentriert.

Zum Beispiel hat ein Bericht der in *PloS One* veröffentlicht wurde, eine Studie beschrieben, in denen gesunde Erwachsene im Jonglieren trainiert wurden. Zwanzig Menschen wurden darin trainiert mit drei Bällen zu jonglieren, bevor ihre Gehirne 7, 14 und 35 Tage später gescannt wurden.

Nach einer Woche regelmäßigen Übens im Jonglieren, hatte sich der Okzipitallappen verändert. Besonders ein Bereich bekannt als V5 – der dafür verantwortlich ist Objekte im Raum zu entdecken, eine wichtige Fähigkeit für erfolgreiches Werfen und Fangen der Jonglierbälle – war dicker geworden.

Das war ein einfaches, deutliches Beispiel dafür, wie sich das menschliche Gehirn als direkte Antwort auf Einsatz und Bemühungen verändern kann. Die Forschung hat gezeigt, dass solange die Voluntäre ihre Jonglierübungen beibehielten, auch die Veränderungen im Gehirn blieben, aber als sie mit dem Üben der neuen Fähigkeiten aufhörten, verfiel der Okzipitallappen wieder in seinen alten Zustand zurück.

Die Ergebnisse aus der Jonglierstudie zeigten auch, dass das Erlernen neuer Fähigkeiten, auch solche die speziell erscheinen, ein Gewinn in anderen Situationen sein kann. Zum Beispiel, wenn Jonglieren lernen Ihre Fähigkeit verbessert schneller Dinge im Raum zu erkennen, sodass Sie besser reagieren können. So kann jonglieren Sie auch zu einem besseren und sicheren Fahrer machen.

Wie kann Neuroplastizität Ihr Leben verändern?

Wenn Sie erst einmal erkennen, wie anpassbar Ihr Gehirn ist, können Sie damit beginnen das Potenzial das darin liegt, um Ihr Leben zu verändern, zu schätzen. Dank der Plastizität Ihres Gehirns können Sie neue Fähigkeiten erlernen und Ihr Verhalten und Ihre Perspektive verändern. Denken Sie einmal daran, wie produktiv Sie bei der Arbeit werden können, wenn Sie Ihr Gehirn für einen größeren Fokus vernetzen oder stellen Sie sich vor, wie viel glücklicher Sie sein könnten, wenn Sie sich darauf trainieren, glücklichere Gedanken zu haben! Die folgenden Kapitel werden Ihnen genau sagen, wie Sie jeden Bereich Ihres Lebens verbessern können, indem Sie praktische einfach auszuführende Übungen machen.

Die Grundarbeit legen – Ernährung und schlafen

Wie Sie gesehen haben, spielen Ihre Wahl und Ihr Benehmen eine bedeutende Rolle darin Ihr Gehirn und Ihre Fähigkeiten zu formen. Um Ihrem Gehirn die bestmöglichen Chancen zu geben neue neuronale Netzwerke zu formen, ist es wichtig gut auf Ihre körperliche Gesundheit zu achten. Sie sollten daher Ihren Lebensstil so gesund wie möglich gestalten. Ein gesundes Gehirn ist ein plastisches Gehirn, das neuen Erfahrungen gegenüber empfänglich ist.

Erstens ist es wichtig, genug zu schlafen. Das hört sich einfach und offensichtlich an, aber trotzdem bekommen die westlichen Erwachsenen nicht die 6-8 Stunden pro Nacht, die von vielen Gesundheitsexperten empfohlen werden. Es stimmt zwar, das manche Menschen mehr Schlaf benötigen als andere, dennoch liegen die Chancen gut, dass 8 Stunden pro Nacht ein guter Ausgangspunkt sind. Sie können die Menge der Stunden die Sie im Bett verbringen wollen immer noch verringern, wenn Sie auch gut mit weniger Stunden Schlaf funktionieren. Lange aufzubleiben scheint ein guter Weg, um Ihre Zeit zu maximieren und mehr Arbeit erledigt zu bekommen, aber das kann auch nach hinten losgehen. Ein chronischer Mangel an Schlaf ergibt ein geringeres Konzentrationslevel, höhere Mengen an Stresshormonen, verminderte Fokussierfähigkeit und ansteigende Schwierigkeiten Entscheidungen zu treffen.

Aufgabe: Planen Sie Ihren Schlaf

Nehmen Sie mal genau Ihren Schlafplatz in Augenschein. Ist Ihr Bett bequem? Ist Ihr Schlafzimmer frei von Ablenkungen? Wenn Sie nachts das Licht ausmachen, ist Ihr Schlafzimmer wirklich dunkel genug, um zu garantieren, dass Sie eine gute Nachtruhe haben?

Wenn Sie es schwierig finden sich nachts zu entspannen, versuchen Sie eine Schlafroutine zu finden, die Sie auf den Schlaf vorbereitet. Abhängig von Ihrer Persönlichkeit und Vorlieben, kann dies Aktivitäten wie Meditation (mehr davon später in diesem Buch), ein warmes Bad, ein paar Seiten in einem positiven Buch lesen, mit deinem Partner oder einem Haustier kuscheln, in ein Tagebuch schreiben oder sich ein wenig Zeit nehmen, um darüber nachzudenken, was am Tag alles gut gelaufen ist, enthalten.

Die Ernährung ist ein weiterer wichtiger Bestandteil, wenn Sie versuchen Ihre Gehirnfunktion zu optimieren. Um eine gesunde Verbindung zwischen den Neuronen zu erhalten, braucht Ihr Körper eine dauerhafte Lieferung von Omega 3 Fettsäuren. Diese können in öligem Fisch, Sojabohnen, Walnüssen, Leinsamen, Spinat und Chiasamen enthalten sein. Versuchen Sie 2-3 Portionen pro Woche an öligem Fisch wie Makrele zu essen und fügen Sie das oben erwähnte so oft wie es geht zu anderen Mahlzeiten hinzu.

Antioxidante sind ebenso wichtig, um ein gesundes Gehirn zu pflegen. Diese Komponente finden Sie hauptsächlich in Obst und Gemüse. Sie sind vorteilhaft für das Gehirn, weil sie gegen oxidativen Stress puffern, eine natürliche Reaktion, die als Antwort auf Ihre Zellen auftritt, die mit Oxygen interagieren und Moleküle freisetzen, die als "freie Radikale" bekannt sind und Zellschäden auslösen. Oxidativer Stress geschieht auch als Ergebnis der Interatkion mit Schadstoffen und schädlichen Chemikalien, wobei Rauchen, Alkohol und Luftverschmutzung die häufigsten Gründe sind. Glücklicherweise können Antioxidante den allgemeinen Einfluss dieses Phänomens reduzieren. Vergewissern Sie sich, dass Sie mindestens 5 Portionen Obst und Gemüse am Tag essen. Am besten lieber roh oder gedünstet, als gekocht oder frittiert, da herbe Methoden des Kochens drastisch den Antioxidanten Inhalt verringern können.

Aufgabe: Machen Sie eine Einkaufsliste fürs Gehirn

Denken Sie einmal darüber nach, was Sie an einem typischen Tag so essen. Bekommen Sie genug Omega 3 Fettsäuren und Antioxidante? Wenn nicht, wie können Sie diese in Ihre Ernährung auf häufigerer Basis aufnehmen? Einfache Änderungen wie Trauben über Ihr Frühstücksmüsli zu streuen oder einmal die Woche rotes Fleisch durch öligen Fisch zu ersetzen könnte auf lange Sicht die Neuroplastizität Ihres Gehirns schützen.

KAPITEL 2

VERBESSERN SIE IHR VERHALTEN UND BILDEN SIE EINEN POSITIVEN GEIST

Wenn Sie die vorherigen Kapitel gelesen haben, dann wissen Sie, dass Sie dank der nachgiebigen Natur Ihres Gehirns das Potenzial dazu haben, neue Fähigkeiten zu erlernen. In Kapitel 3 werden wir diese Idee weiter ausführen. Schauen Sie sich die praktischen Schritte an, die Sie machen können, um mit zu helfen Ihre intellektuelle Fähigkeit zu maximieren. Neuroplastizität ist nicht nur nützlich dafür, Ihren Wortschatz zu verbessern oder um ein Musikinstrument zu erlernen. Es ist auch Ihr Fahrschein zur Entwicklung neuer Lebenskompetenzen und einen ganz neuen Blick auf das Leben im Allgemeinen zu werfen. In diesem Kapitel werden Sie verstehen, warum die Plastizität Ihres Gehirns eine riesige Bereichung ist, wenn es darum geht Ihre Einstellung zum Leben zu verändern.

Positives Denken ist eine Fähigkeit

Sie glauben vielleicht, dass manche Menschen einfach als positive Denker geboren werden und dass dieses Element des Charakters eines Menschens weitgehend festgelegt ist. Es stimmt zwar, dass es eine Erbschaftskomponente bei Persönlichkeitsmerkmalen gibt, aber es gibt ansteigende Beweise dafür, dass wenn Sie sich Mühe geben Ihre Denkmuster zu verändern, sowohl Ihr Gehirn und Ihr

Verhalten Ihnen dabei helfen werden sich in eine positivere Richtung zu bewegen. Menschen welche die Art des positiven Denkens beherrschen sind eher erfolgreich in allen Bereichen ihres Lebens. Beachten Sie, dass ein positiver Denker nicht heißt, dass Sie mutwillig konstruktive Kritik ignorieren oder nicht die Realität wahrnehmen wollen. Stattdessen heißt es einfach, dass Sie gewillt sind an sich selbst zu glauben und die Möglichkeit, dass die meisten Situationen zumindest die potenziellen Samen von einem guten Ergebnis enthalten sollten. So wie wiederholt in London herumfahren dabei hilft neurale Netzwerke bei Taxifahrern zu entwickeln, die verantwortlich für erfolgreiche Raumnavigation sind, hilft wiederholtes positives Denken Ihnen automatisch dabei auf die Vorteile zu schauen, wann immer Sie auf eine Blockade in Ihrem Leben treffen. Dies hilft Ihnen letztendlich dabei Belastbarkeit aufzubauen, die Sie gegen Depression schützt und Ihnen hilft die Herausforderungen die Ihnen das Leben bietet, zu überwinden.

Depression, Neuroplastizität und die Praxis des positiven Denkens

Die Auswirkungen der Depression auf das Gehirn waren von unschätzbarem Wert bei der Entwicklung unseres Verständnis für die Neuroplastizität und wie sich das auf unsere Stimmung und die kognitive Funktion auswirkt. Neuere Forschungen haben gezeigt, dass Depression nicht nur ein Geisteszustand oder eine Erfahrung ist, sondern ein neurologischer Vorgang, der weitreichende Konsequenzen hinter einem "down" oder "traurigem" Gefühl hat. Die Depression ist eine psychische Krankheit, charakterisiert durch eine Anzahl an psychologischen, emotionalen und körperlichen Symptomen, die Gefühle der Traurigkeit, Gefühle der Hoffnungslosigkeit, Gedanken an Tod oder Selbstmord, Interessenverlust an vorher geliebten Aktivitäten, Veränderung im

Gewicht und Appetit, ungenaue oder seltene Schmerzen ohne erkennbaren körperlichen Grund und eine Tendenz sich aus geselligen Situationen herauszuhalten, auslösen.

Psychologen glauben, dass es mehrere zugrunde liegende Faktoren gibt, die eine Depression auslösen oder zumindest unterstützen können, inklusive genetischer Veranlagung und neurochemisches Ungleichgewicht. Einige dieser Dinge liegen nicht in unserer Macht. Andererseits gibt es auch einiges an Beweisen, die darauf hindeuten, dass ein bedeutender Faktor, der die Depression anhalten lässt ein individueller Denkstil ist. Einfach ausgedrückt, Menschen die an Depressionen leiden, scheinen die Welt auf eine unangepasste Art zu sehen, die sie in einem Zyklus des negativen Denkens, negativen Aktionen und dem Rückzug aus der Welt gefangen hält. Um die Gefühle des trostlosen Pessimissmus der oft die Depression begleitet und sie am laufen hält zu durchbrechen, ist es wichtig, das eine depressive Person Ihr Gehirn darauf schult, äußerliche Vorgänge auf eine konstruktivere Art zu interpretieren. Das ist das Grundprinzip hinter einer Art der Psychotherapie, die als Kognitive Verhaltenstherapie oder CBT bekannt ist. Das Prinzip von CBT ist wie folgt: Es sind nicht nur die Dinge, die uns in unserem Leben passieren, die uns so fühlen lassen – und was letztendlich bestimmt, wie wir fühlen ist die Bedeutung, die wir den externen Vorgängen persönlich zuschreiben. CBT Praktizierende glauben, dass bei denjenigen mit Depressionen und denjenigen, die mental gesund sind ein wesentlicher Unterschied besteht. Der Unterschied liegt darin, dass die erste Gruppe gewöhnlicherweise zurück auf die negative Art die Welt zu sehen verfällt. Mit anderen Worten, wenn Sie depressiv sind, dann bringen Sie sich selbt kontiniuierlich bei, dass die Welt ein schlimmer Ort ist, dass Sie regelmäßig verletzt werden und das es wenig Anlass gibt, zu glauben, dass die Dinge besser werden. Diese Art des Denkens wird "normal" und mit der Zeit werden Sie gar nicht mehr merken, wie tief sich Ihr Pessimissmus, in Ihren Denkstil eingegraben hat. Jetzt wissen Sie, dass die Neurone die zusammen feuern, sich auch zusammen verdrahten. Regelmäßige negative Gedanken zu haben heißt, dass diese zu Ihrer Realität werden. Das hat sichtbare Folgen auf das Gehirn. Studien, welche die menschlichen Gehirne mit und ohne Depression verglichen haben, haben herausgefunden, dass eine psychische Krankheit den Status einer "negativen Neuroplastizität" hervorrufen kann, in denen bestimmte Denk- und Verhaltensmuster sich eingraben und die Symptome aufrecht erhalten. Forschungen, die an der Universität von Michigan durchgeführt und bei der die Gehirnscanmethoden benutzt wurden, bekannt als Positronen-Emission-Tomografie (PET) fanden heraus, dass Menschen mit unbehandelter Depression bedeutend geringere Serotinempfänger haben, als diejenigen, bei denen die Krankheit nicht diagnostiziert wurde. Das ist wichtig, denn um glücklich zu sein und unsere Stimmung zu regulieren, muss unser Gehirn in der Lage sein, seine Neutransmitter ordentlich zu nutzen.

Andere Ergebnisse haben gezeigt, dass depressive Menschen oftmals einen schrumpfenden Hippocampus haben, was sie widerum anfällig für Stimmungsprobleme macht und eine reduzierte Erinnerungsfunktion hinterlässt. Je mehr Episoden von Depressionen die individuelle Person erleidet, umso größer ist das Ausmaß des Hippocampal Schadens.

Wenn man bedenkt, dass die Depression ein Risikofaktor für die Entwicklung von Alzheimer ist und dass der Hippocampus sich unter den ersten Teilen des Gehirns befindet, der bei Patienten mit dieser Krankheit beschädigt wird, scheint der Schlüssel zu dieser Verbindung der geschädigte Hippocampus zu sein. In diesem Bereich sind noch weitere Forschungen nötig, die Erkenntnis hier ist einfach, dass Depressionen das menschliche Gehirn verändern.

Glücklicherweise gibt es auch viele Beweise dafür, dass die Psychotherapie in denen Menschen die an Depressionen leiden neue Wege aufgezeigt bekommen die Welt zu sehen und sich ihren negativen Gedanken zu stellen, eine wirkungsvolle Behandlung ist. Sogar dann wenn Sie seit vielen Jahren depressiv sind oder negativ denken, gibt es einen Grund zur Hoffnung – unser Gehirn verliert seine Plastizität nie, mit guter Intention und Veränderung im Verhalten, können Sie diesen Schaden beheben.

Aufgabe: Fordern Sie negative Gedanken heraus

Während negative Gedankenmuster besonders häufig bei Depressionen vorkommen, fühlen die meisten von uns die Auswirkungen von Zeit zu Zeit. Wenn Sie Ihnen zu viel Spielraum in den Gedanken geben, können Sie fühlen, wie Ihr Verhalten gegenüber anderen und dem Leben im Allgemeinen weniger optimistisch wird. Das kann eine zerstörende Wirkung auf ihr tägliches Verhalten haben. Diese Übung wird oft von CBT Therapeuten benutzt.

1. *Identifizieren Sie einen negativen Gedanken, bei dem Sie sich häufig selbst erwischen. Das kann sich auf Ihre soziale Situation beziehen (z. B. "Ich habe keine Freunde"), Ihr Selbstbild ("Ich bin so inkompetent und kann nichts tun") oder über die Welt im Allgemeinen ("Jeder ist so egoistisch und nur auf das aus, was er bekommen kann"). Schreiben Sie das auf und bewerten Sie die Glaubwürdigkeit auf einer Skala von 1-10, 10 bedeutet dass Sie diesen Gedanken, als absolut wahr akzeptieren.*
2. *Jetzt ist es an der Zeit Detektiv zu spielen. Welchen Beweis haben Sie, dass dieser Gedanke tatsächlich wahr ist? Schreiben Sie Ihre Beweise für diesen Gedanken auf. Jetzt schauen Sie sich das von einer anderen Perspektive aus an – wenn Sie die andere Seite des Falles präsentieren müssten,*

welchen Beweis könnten Sie ausführen, um zu beweisen, das diese Perspektive einfach nicht wahr ist? Zum Beispiel, wenn Sie bei Schritt 1 schreiben "Ich bin so inkompetent und kann nichts", dann ist es Zeit anzuerkennen, dass Sie vielleicht in bestimmten Bereichen nicht so kompetent sind wie Sie gerne wären, Sie aber in anderen Bereichen dafür erfolgreich sind und andere Fähigkeiten gewonnen haben.

3. *Wenn Sie diesen Beweis überprüft haben, bewerten Sie erneut wie weit Sie Ihre negativen Gedanken als eine genaue Reflektion der Realität akzeptieren können. Wenn Sie sich die Zeit genommen haben, Beweise für beide Seiten zu erstellen (z. B. die Aussage wahr und nicht wahr), dann sollten Sie merken, dass die Macht über Sie weniger geworden ist.*

4. *Als zusätzlichen Schritt, denken Sie darüber nach, ob ihr negativer Gedanke wirklich hilfreich ist oder nicht. Auch wenn er komplett wahr ist (was unwahrscheinlich ist) was gewinnen Sie wenn Sie sich daran festhalten, als wenn es wahr wäre? Destruktive Gedankenmuster inspirieren selten eine positive Veränderungen. Bedenken Sie die Vorteile, wenn Sie sich selbst erlauben anders zu denken.*

Diese Übung ist wirkungsvoll, denn Sie zwingt Sie dazu zu erkennen, dass die Welt nicht schwarz und weiß ist und das auch die umjubeltsten negativsten Ansichten nicht immun gegenüber der Macht des kritischen Denkens sind! Wenn Sie diese Übung wiederholen, wann immer Sie sich dabei erwischen in negative Gedanken zu versinken, werden Sie sich schon bald selbst darauf trainieren eher die Negativität herauszufordern, als zu tolerieren oder sie als Ihren "normalen Status" zu akzeptieren. Von jetzt an versprechen Sie sich selbst, dass Sie sich nicht wieder hinsetzen und die unnötige Negativität akzeptieren, die Ihr Gehirn Ihnen zuwirft. Schwören Sie stattdessen, nicht hilfreiche negative Gedanken als schlechte geistige Gewohnheiten zu sehen, die Sie mit Geduld und

Bemühen korrigieren können.

Einige Menschen glauben, dass ein Tagebuch dabei hilft negatives Denken zu identifizieren und zu bekämpfen. Es ist nicht realistisch zu versuchen jeden negativen Gedanken der Ihnen kommt aufzuschreiben, aber Sie können auf jeden Fall ein Tagebuch nutzen, indem Sie bestimmte Themen und Alternativen für aktuelle negative Gedanken erarbeiten und aufschreiben. Tagebuch schreiben wird einfacher, wenn Sie es zur Gewohnheit machen. Denken Sie daran, wenn Sie eine Handlung mehrmals wiederholen, wird Ihr Gehirn dies erwarten und Sie werden sich unbehaglich fühlen, wenn Sie von Ihrer Routine abweichen. Sie putzen wahrscheinlich jeden morgen und abend Ihre Zähne, ohne darüber nachzudenken. Das ist so weil Sie dieselbe Handlung Hunderte Male vorher gemacht haben. Genauso kann es beim Tagebuch schreiben sein oder bei jeder anderen neuen Gewohnheit, die Sie sich aneignen wollen. Legen Sie eine Zeit und einen Ort für Ihre Tagebucheinträge fest und bleiben Sie für 30 Tage dabei. Wir kommen im Kapitel 4 noch einmal auf Zielsetzung und Gewohnheiten zurück.

Warum "Tu so, dann wirst du so" wirklich funktioniert – die Facial Feedback Hypothese

Das alte Klischee "Tu so, dann wirst du so" kann banal und nicht hilfreich klingen, wenn Sie niedergeschlagen sind, aber Psychologen haben entdeckt, dass dieser Satz seinen Wert hat. Viele von uns glauben, dass unsere Emotionen und Körpersprache wie folgt zusammenhängen: Wir erleben ein Ereignis oder eine Erinnerung, welches ein bestimmtes Gefühl in uns auslöst und als Folge verändert sich unsere Körpersprache. Wir lachen, wenn wir glücklich sind, sitzen zusammengesackt in unseren Stühlen, wenn wir uns niedergeschlagen fühlen und so weiter.

Das stimmt zwar, aber wussten Sie, dass es viel Forschung gibt, die zeigt, dass es auch anders herum funktioniert? Sie lachen, weil Sie glücklich sind, aber wenn Sie eine bewusste Entscheidung treffen zu lachen, obwohl Sie schlecht gelaunt sind, dann werden Sie wahrscheinlich einen Anstieg in Ihrer Laune fühlen. Dieses Phänomenen wobei das Gehirn ein Feedback von Gesichtsausdrücken und anderen Arten in der Körpersprache erhält auf eine Art, in der die Person wirklich eine Veränderung in ihrer Stimmung oder ihrem Verhalten bemerkt, ist bekannt als Facial Feedback Hypothese.

Bei früheren Studien mit Freiwilligen in diesem Bereich, wurden diese gebeten einen Stift zwischen ihren Zähnen zu halten, während sie Zeichentrickausschnitte schauten. Diejenigen, die gebeten wurden einen Stift horizontal zwischen ihren Zähnen zu halten, bewerteten den Zeichentrick als lustiger, als die Freiwilligen die Ihren Stift auf eine Art hielten, die es Ihnen unmöglich machte zu lachen. Die Forscher schlossen daraus, dass bei der horizontalen Stiftegruppe, die aus dem Effekt heraus einen "glücklichen" Ausdruck hatte, die Gehirne den Zeichentrick als besonders lustig interpretierten. Andere Studien haben gezeigt, dass die Einnahme von "Kraft Posen" (wie mit den Beinen auseinander stehen, gerader Rücken und mit den Händen an der Hüfte) ein echter Selbstvertrauens Antreiber in nervenzerreissenden Situationen ist.

Diese Ergebnisse sind wirklich aufregend, weil sie andeuten, dass wir bereits die Nervenbahnen an der Stelle haben, die es unserem Gehirn ermöglicht bestimmte Gesten, Gesichtsausdrücke und Haltungen mit bestimmten Stimmungen zu verbinden. Warum also nicht einen Vorteil aus diesem eingebauten Kreislauf ziehen?

Aufgabe: Probieren Sie die Facial Feedback Hypothese aus

Je öfter Sie sich selbst ermutigen eine positivere Körpersprache anzunehmen, umso natürlicher wird es sich anfühlen und umso mehr werden Sie die Verbindung zwischen körperlichen Bewegungen und Ihrem mentalen Status stärken. Wenn Sie sich angewöhnen, gerade zu sitzen und zu lächeln, sogar dann wenn Ihnen nicht danach ist, bedeutet dass, dass Sie bereits Zugang zu einem schnellen Stimmungswechsel haben, egal wo Sie sind. Das nächste Mal wenn Sie also einen kleinen Schub brauchen, nutzen Sie die Facial Feedback Hypothese.

Achtsamkeit und seine Wirkungen auf das Gehirn

Über die letzten Jahrzehnte ist "Achtsamkeit" ein häufiges Modewort in der Psychologie und in psychiatrischen Kreisen geworden. Es hat bewiesen, das es mehr als eine Modeerscheinung ist. Es stellte sich heraus, dass das Praktizieren von Achtsamkeit Veränderungen im Gehirn ergibt, die Ihnen helfen können, sich weniger gestresst zu fühlen, eine gesundere Perspektive auf die Vorgänge in Ihrem Leben zu haben und Ihre Anfälligkeit für Depressionen zu reduzieren. Achtsamkeit ermutigt Sie ebenso dazu bessere Entscheidungen zu treffen, die aufregende Auswirkungen für diejenigen bereit halten, die in einer Anzahl an Bereichen arbeiten die Verbrechensvorbeugung, Erziehung und soziale Arbeit enthalten.

Was genau bedeutet "Achtsamkeit"? Grundlegend bedeutet Achtsamkeit einfach die Tatsache Ihre Aufmerksamkeit auf den aktuellen Moment zu legen. Es bedeutet bereit zu sein, sich nicht mehr über die Zukunft zu sorgen oder über vergangene Handlungen nachzudenken. Wenn Sie sich achtsam benehmen, dann leben Sie mit voller Bewusstheit wer und wo Sie jetzt sind. Sie können

Achtsamkeit überall praktizieren.

Aufgabe: Achtsames Abwaschen

Wenn Sie das nächste Mal das Geschirr spülen oder einen Löffel abwaschen, dann nutzen Sie die Möglichkeit Achtsamkeitsübungen zu machen. Wenn Sie eine Schüssel mit Seifenwasser füllen, dann passen Sie auf wie sich das Wasser auf Ihrer Haut anfühlt, der Duft des Spülmittels und das Geräusch das es macht, wenn es in der Schüssel herumwirbelt. Fühlen Sie die Textur des Objekts, dass Sie waschen an Ihren Fingerspitzen. Wenn Sie Ihre Aufmerksamkeit wandern lassen, nehmen Sie wahr, dass Ihr Fokus schon abgewichen ist, bevor sie ihn sanft aber streng zur Aktualität zurück bringen.

Achtsamkeit wird oft mit Meditation verbunden, ein breiter Begriff, der sich darauf bezieht, Ihre Aufmerksamkeit auf ein bestimmtes Konzept, Objekt oder einfach nur auf Ihre eigene Atmung zu lenken. Weder Achtsamkeit noch Meditation sind exklusiv den religiösen Menschen vorenthalten. Obwohl Meditation eng mit Buddhismus und Hinduismus verbunden ist, können Menschen aller Glaubensart und Nichtgläubige von der Ausübung profitieren, die es ihnen ermöglicht eine psychische Atmungspause zu machen.

Wie passt Neuroplastizität in diesen Vergleich? Studien mit Menschen die regelmäßig meditieren zeigen, dass Meditation wortwörtlich das menschliche Gehirn auf eine Art schärft, welche die Stimmung und das Wohlbefinden verbessert. Zum Beispiel erklärte eine Studie die im Journal Neuroreport veröffentlicht wurde, das verglichen mit denjenigen, die niemals meditieren, Menschen die regelmäßig meditieren dickere Hirnrinden zu haben scheinen. Das war besonders in den Bereichen der Hirnrinde auffällig, die verantwortlich für Sensorenprozesse und konzentrierte Aufmerksamkeit sind. (Wenn Sie mehr von dem was Sie lernen beibehalten und sich länger auf die Schule oder Arbeit konzentrieren wollen, dann ist Meditation ein toller Weg, um Ihre Leistung zu verbessern.)

Und nicht nur dass, langfristige Meditation hilft Ihnen, mehr Kontrolle über Ihre Gefühle anzuwenden. Das heißt nicht, dass regulär Meditierende sich in Roboter verwandeln, sondern nur das Meditation hilft, Sie mit Kraft auszustatten, starke Gefühle im Zaun zu halten und mehr bewusstere, kontrollierte Auswahlmöglichkeiten zu treffen, wenn es darum geht herausfordernde Situationen zu beantworten.

Aufgabe: Meditation Teil 1

Atmungsmeditation ist eine beliebte Aufgabe für Anfänger. Alles was Sie tun müssen ist sich hinzusetzen oder sich in eine bequeme stehende Position zu begeben. Schließen Sie Ihre Augen und konzentrieren Sie sich auf Ihre Atmung. Zählen Sie langsam Ihre Atemzüge. Konzentrieren Sie sich ganz auf diese einzige Aufgabe. Wenn Ihr Gedanken zu wandern beginnen, dann bringen Sie sie zurück zu Ihrer Atmung.

Aufgabe: Meditation, Teil II

Wenn es Ihnen schwer fällt eine Zeit lang still zu sitzen oder Sie sich nicht gerne auf Ihren Atem konzentrieren wollen, dann kann gehende Meditation eine tolle Alternative sein. Suchen Sie sich einen ruhigen Raum oder einen ruhigen Bereich draußen und laufen Sie einfach immer gerade hin und her. Behalten Sie Ihren Laufschritt immer gleich. Legen Sie Ihre Aufmerksamkeit auf das Gefühl in Ihren Füßen, wenn sie den Boden berühren.

Wenn Sie sich daran gewöhnen Ihre negativen Gedanken herauszufordern und jeden Tag meditieren, werden Sie bald bemerken, dass Ihr Gehirn gut auf Ihre neuen Gewohnheiten anspricht. Obwohl Sie die Veränderungen auf einem MRI oder PET Scanner nicht sehen können, können Sie sicher sein, dass die formbare Natur Ihres Gehirns sich in bedeutende Veränderungen in Ihrer Stimmung und dem gesamten Äußeren ergeben wird. Denken Sie daran, wie viel ruhiger und zufriedener das Leben sein wird, wenn Sie erst einmal gelernt haben, eine größere Kontrolle über Ihre Stimmung und emotionale Reaktionen zu übernehmen. Beginnen Sie damit jeden Tag für 2- 3 Minuten zu meditieren, dann erhöhen Sie schrittweise auf 20-30 Minuten jeden Morgen oder jeden Abend.

KAPITEL 3

Ist Intelligenz wirklich festgelegt?

Bis vor kurzem nahmen die meisten Psychologen an, dass die Intelligenz einer Person festgelegt ist – man glaubt, wenn Sie klug sind, dann wurden Sie schon so geboren. Mit der Entdeckung, dass das menschliche Gehirn plastisch ist, hat sich etwas an der Einstellung hinsichtlich der Intelligenz verändert. Wenn man bedenkt, dass die Quelle unserer geistigen Fähigkeiten das Gehirn ist, dann werden Sie nicht überrascht sein zu lernen, dass Sie sich mit der richtigen Herangehensweise und der Bereitschaft die Übungen zu machen, die dabei helfen, neuronale Verbindungen zu bilden, selbst klüger machen können.

Wie Sie Ihre geistigen Fähigkeiten verstärken

Die traditionelle Sicht auf den IQ war bisher, das es als Erwachsener nichts mehr gibt, was Sie tun können, um Ihre geistige Funktion zu verbessern. Mit der Entdeckung, dass das Gehirn plastisch ist, kommt eine wichtige Schlussfolgerung – Sie können an Ihren kognitiven und problemlösenden Fähigkeiten arbeiten. Wenn es darum geht Verbindungen zwischen den Neuronen zu schmieden und zu erhalten, dann ist das alte Sprichwort "Wer rastet, der rostet" wahr. Es ist egal, ob Sie 8, 18 oder 88 sind – durch wiederholte Bemühungen und Ihr Engagement Ihre geistigen Fähigkeiten zu verbessern, können Sie Ihr geistliches Können schärfen.

Tatsächlich haben Sie schon den ersten Schritt gemacht, wenn Sie gelernt haben, das Intelligenz flüssig ist. Forscher aus Stanford und Columbia haben entdeckt, dass Studenten eher positiv Ihrem Studium gegenüber stehen und höhere Noten erzielen, wenn Ihnen beigebracht wird, dass Sie Ihre eigene Intelligenz verbessern können. Das liegt daran, wenn Sie Ihre Einstellung über Ihre geistigen Fähigkeiten verändern, dann öffnen Sie sich dafür neue Fähigkeiten zu entwickeln. Ihre Motivation steigt ebenso an, wann immer Sie eine Blockade haben oder Ihnen einfach nicht danach ist mit einer bestimmten Tätigkeit weiterzumachen, dann können Sie das Ergebnis im Auge behalten und Sie wissen, das Sie mit ausreichender Anwendung Ihr Ziel Ihre Fähigkeiten zu verbessern erreichen können und werden. Wenn Ihnen in der Schule gesagt wurde, dass Sie nicht besonders klug oder fähig sind, dann sollten Sie daran arbeiten, um dieses nicht hilfreiche Gerücht zu zerstreuen. Erinnern Sie sich selbst daran, dass die Neuroplastizität erst in der letzten Jahrzehnten eine akzeptierte Tatsache innerhalb der Mainstream Wissenschaft geworden ist und sogar noch heute ist es ein weitverbreiteter Glaube, dass intellektuelle Fähigkeit bei Geburt vorbestimmt ist.

Nehmen Sie eine erweiterte Denkweise an

Eine "erweiterte Denkweise" bezieht sich auf eine Haltung, mit der es möglich ist Ihre Intelligenz mit nichts mehr als Ihrer eigenen Bestimmung und Handlung zu verändern. Das beinhaltet auch eine ausgeglichene, realistische Sicht darauf, wie Menschen lernen. Das bedeutet auch Ihr Verhalten an Ihren Perfektionismus anzupassen. Zu oft können wir in die in die Falle gehen bei dem Gefühl, dass solange wir eine Aufgabe in einem kurzen Zeitraum nicht perfekt ausüben können, der Versuch es gar nicht erst wert ist. Diese Art des

Denkens ist aus mehreren Gründen destruktiv. Zu Beginn platzieren Sie sich selber unter solch einem hohen Drucklevel, dass es Ihnen unnötig Stress macht, das ist nicht förderlich für das produktive Lernen. Wenn Sie damit beschäftigt sind, negative Beurteilungen über Ihre eigenen Fähigkeiten zu machen und sich selbst herunterziehen, dann sind Sie nicht in der Lage sich zu konzentrieren und zu lernen.

Zweitens ist es wichtig, wenn Sie lernen und wachsen wollen, sich an Scheitern und Rückschläge zu gewöhnen. Das kommt daher, weil Sie nur an der Grenze Ihrer intellektuellen Komfortzone die Möglichkeit haben, sich geistig zu strecken. Feedback – sowohl positiv als negativ – gibt Ihnen die Chance Ihre Stärken und Schwächen zu verstehen, um Fortschritte zu machen. Menschen, die Intelligenz als fix ansehen, finden Scheitern bestrafend, weil sie es als Beweis interpretieren, dass sie vielleicht nicht so schlau sind, wie sie gerne sein würden. Andererseits, wenn Sie anerkennen, dass Neuroplastizität bedeutet, dass intellektuelle Fähigkeit formbar ist und das unterstüztende Bemühungen Veränderungen ergeben, dann können Sie es sich leisten Scheitern als einen weiteren Schritt auf Ihrem Lernweg zu sehen. Wenn Sie diesen geistigen Schritt gemacht haben, dann verschwenden Sie Ihre Zeit nicht mehr damit sich selbst auszuschimpfen, sondern lenken Sie diese Energie darauf neue Strategien zu entwickeln, mit denen Sie Ihre Fähigkeiten und Entwicklungen verbessern können. Zusätzlich wird Ihnen auch Kritik weniger viel ausmachen. Sie werden bemerken, dass sogar wenn jemand korrekt ist, wenn er sagt, dass Sie nicht besonders gut bei etwas sind, das nicht gleich bedeutet, dass Sie es in Zukunft nicht besser machen können. Es bedeutet auch nicht, dass Sie nicht in anderen Bereichen fähig sein können. Mit einer erweiterten Denkweise sehen Sie Intelligenz nicht mehr als eine "Alles oder nichts Einheit", sondern mehr als eine Sammlung von Fähigkeiten, die Sie mit der richtigen Anwendung entwickeln können.

Ein weiterer Vorteil einer erweiterten Denkweise ist, dass Sie sich weniger getroffen von dem Erfolg anderer Menschen fühlen werden. Wenn Sie Intelligenz als etwas sehen, dass nur einige Menschen besitzen, dann werden Sie sich wie im Wettbewerb mit anderen fühlen. Wenn Sie verstehen, dass jeder ein flexibles Level an Intelligenz hat und an einem anderen Punkt an seiner persönlicher Reise steht, dann werden Sie den Erfolg anderer Menschen inspirierend finden.

Aufgabe: Entwickeln Sie eine erweiterte Denkweise

Genau wie viele andere geistige Fähigkeiten, braucht es Zeit eine erweiterte Denkweise zu entwickeln. Nehmen Sie sich die Zeit Ihren selbst-eingeschränkten Glauben um Intelligenz zu untersuchen, sowie auch Ihre eigenen Fähigkeiten. Stellen Sie sich die folgenden Fragen:

Wenn Sie an Ihre Schultage zurückdenken, erinnern Sie sich daran, das Sie sich schlau, dumm oder irgendwas dazwischen gefühlt haben?

Wenn Sie daran denken, eine neue Fähigkeit aufzunehmen, welche Gedanken kommen Ihnen dann? Wissen Sie wie Sie am Besten lernen? Zum Beispiel, lernen Sie eher durch lesen, zuschauen, hören, tun oder durch ein anderes Medium?

Es gibt keine "richtigen" oder "falschen" Antworten auf diese Fragen und Sie müssen die Antworten auch keinem zeigen. Diese Aufforderungen wurden dazu entworfen, um Ihnen dabei zu helfen Ihre aktuellen Lernansätze zu reflektieren. Machen Sie sich keine Sorgen, wenn Sie entdecken, dass Ihre eigenen Vorstellungen Sie zurückhalten – wenn Sie die Schlüsselnachrichten innerhalb dieses Buches verinnerlicht haben und begonnen haben sich selbst die Macht der Neuroplastizität und der Veränderung der Gewohnheiten zu beweisen, dann werden sie sich auch ändern!

Aufgabe: Lernen Sie wie Sie Ihre Beziehung zum Scheitern verändern können.

Pflegen Sie weiterhin eine erweiterte Denkweise, indem Sie Ihre Beziehung zum Scheitern erneut untersuchen. Denken Sie an die Zeit, in der Sie an ein Hindernis geraten sind, als Sie eine neue Fähigkeit gelernt haben. Zum Beispiel sind Sie vielleicht in der Vergangenheit an einem Examen gescheitert. Schauen Sie sich die Situation mit einer erweiterten Denkweise an, was haben Sie aus dieser Erfahrung gelernt? Jetzt, wo Sie wissen wie plastisch ihr Gehirn ist und wieviel Potenzial Sie haben, wenn es um zukünftiges Lernen geht, dann können Sie einen Schritt zurück machen, lösen Sie sich emotional davon und nähern Sie sich dem Ganzen pragmatisch. Zum Beispiel hätten Sie Feedback auf Ihre Examensantworten einholen und dann den Test noch einmal schreiben können? Hätten Sie wählen können diese Erfahrung als einen Anfangspunkt zu sehen, um Ihre Lern- und Überprüfungsstrategien zu ändern?

IQ versus tägliche Aufgaben

Das berühmteste Maß der Intelligenz ist der Intelligenzquotient, häufig als "IQ" bezeichnet. Obwohl er normalerweise als eine einzelne Zahl dargestellt wird, besteht Ihr IQ eigentlich aus einer Anzahl von Fähigkeiten, wie verbale Argumentation (die Fähigkeit, Wörter zu nutzen, damit zu kommunizieren und sie zu verstehen) und mathematische Fähigkeiten. Das bedeutet, das es zwar Spaß machen kann, zu versuchen seinen IQ Wert zu erhöhen, man sich aber eher darauf konzentrieren sollte.

Obwohl Sie Ihren IQ nicht kennen oder sich darauf fixieren müssen eine bestimmte Nummer zu erreichen, ist es ermutigend zu wissen, dass Psychologen schon lange wussten, dass der IQ formbar ist. Im Jahr 1990 warf der neuseeländische Forscher James Flynn einen genaueren Blick auf die IQ Zahlen, die er aus der ganzen Welt erhielt. Er bemerkte, dass jede Generation von 1930 an, ihre Eltern bei den IQ Werten auszustechen schien. Dieses Phänomen wurde von den Autoren Richard Herrnstein und Charles Murray in ihrem Buch *The Bell Curve* – veröffentlicht im Jahr 1994 - als der "Flynn Effekt" bezeichnet.

Aufgabe: Schärfen Sie Ihre Fähigkeiten, die Sie verbessern woollen

Wenn Sie dieses Kapitel lesen, dann wollen Sie wahrscheinlich "klüger" werden. Das ist ein guter Anfang, aber wenn Sie einen konkreten Fortschritt machen wollen, müssen Sie Ihre Schwachstellen herausfinden und dann einen Plan erstellen, mit dem Sie sich verbessern können. Machen Sie eine Liste der intellektuellen Fähigkeiten die Sie entwickeln wollen und mit Dingen, die Sie gerne lernen wollen. Fügen Sie so viele Details wie möglich hinzu.

- Französisch auf mittlerem Niveau sprechen lernen

- Kopfrechnen lernen

- 3D Objekte zeichnen lernen

Wenn Sie erst einmal schwarz auf weiß vor sich sehen, was Sie lernen wollen, dann werden Sie merken das "klug" viele Seiten hat und es an Ihnen liegt, sich zu entscheiden, worauf Sie Ihre Aufmerksamkeit legen wollen.

Was immer Sie lernen wollen, Sie müssen es üben

Es gibt kein magisches Geheimnis um Ihr Gehirn zu maximieren – das ist die schlechte Nachricht. Die gute Nachricht ist, das der Weg zu größerem Erfolg einfach ist. Sie müssen sich nur genau entscheiden was Sie lernen wollen, wie Sie es am besten lernen und dann die geforderten Stunden einzusetzen. Diese drei Schritte nennen sich "wiederholen", "abrufen" und "überprüfen".

Sie müssen die Wiederholung erfassen, denn dass wird die neuralen Netzwerke in Ihrem Gehirn verfestigen. Denken Sie an Ihre neurale Netzwerke, wie an Spuren auf einem matschigen Feld. Wenn eine Spur wiederholt genutzt wird, wird sie tiefer und gräbt sich fester in den Boden ein. Jeder der sie regelmäßig nutzt, wird in der Lage sein immer schneller über das Feld zu fahren, denn mit der Zeit wird die Spur immer tiefer. Auf ähnliche Weise gilt, je mehr Sie üben oder eine Fähigkeit oder ein Wissensbereich erneut aufgreifen, umso tiefer wird sich Ihr Lernen verwurzeln.

Wie auch immer, eine Wiederholung – wie dasselbe Buch immer und immer wieder lesen oder dasselbe Stück für mehrere Woche hintereinander auf der Violine spielen – ist nutzlos ohne bedeutendes Engagement und Abwechslung. Besonders passive Wiederholung ist nicht ausreichend aufmerksamkeitserregend oder herausfordernd genug, um einen merklichen Unterschied auf unsere neurale Netzwerke zu machen. Versuchen Sie sich dem Material auf einer Vielzahl von Wegen zu nähern. Mindmaps und Quiz sind nützliche Quellen, welche die Wiederholung effektiver machen können.

Aufgabe: Erstellen Sie eine Mind Map

Um so viel neue neurale Verbindungen wie möglich zu erstellen, müssen Sie Ihr Gehirn darauf trainieren Verbindungen zwischen diversen Konzepten zu ziehen. Eine Mind Map ist daher ein guter

Weg, denn das ermöglicht Ihnen mit potenzialen Verbindungen zwischen mehreren Themen zu experimentieren. Diese Methode funktioniert am besten, wenn Sie versuchen eine große Menge an detaillierten Informationen zu einem bestimmten Thema zu lernen. Beginnen Sie damit die Hauptidee oder den Titel in die Mitte eines großen Papiers zu schreiben. Jetzt schreiben Sie relevante Unterpunkte oder Schlüsselfaktoren auf kleinere Papierstücke oder Klebezettel. Jetzt kommt der lustige Teil – wie können Sie diese am besten auf eine Art arrangieren, sodass sie alle miteinander verbunden sind? Spielen Sie ein wenig mit Konzepten und schauen Sie wie sie zusammenpassen, um ein gesamtes oder ein "großes Bild" zu ergeben. Ziehen Sie entsprechend Linien, Pfeile und Randbemerkungen.

Zum Beispiel, wenn Sie Interesse an geistiger Gesundheit haben und Ihr Wissen über häufige Geisteskrankheiten aufbessern wollen, dann kann auf Ihrer Mind Map in der Mitte "Geisteskrankheiten" stehen, mit Unterthemen wie "Depression" und "Angst" auf Klebezetteln geschrieben, die auf der Seite verstreut sind. Dann merken Sie vielleicht, wenn Sie bedenken, was Sie über beide Themen gelernt haben, das die beiden einige ähnliche Symptome teilen und häufig zusammen beim selben Patient zu beobachten sind. Sie entscheiden sich dann vielleicht dazu, eine Linie zwischen den beiden zu ziehen und "SIND GLEICH" dort hinzuschreiben, um Ihre Ansicht zu zeigen.

Wenn Sie glauben dass Sie neue Informationen aufgenommen oder gelernt haben oder eine neue Fähigkeit gewonnen haben, dann ist der nächste Schritt die Abfrage. In anderen Worten – Testen Sie sich selbst! Sich selbst zu testen ist eine Art zu überprüfen, wie tief die metaphorischen Schlammspuren gehen. Wenn Sie Information abrufen können, ist das ein sicheres Zeichen, dass Sie das beste aus Ihrem plastischen Gehirn herausholen und einige neue neurale Kreise festlegen.

Quizze und Tests sind ein toller Weg, um Ihr neues Wissen zu testen, egal ob theoretisch oder praktisch. Es gibt viele verfügbare Quizbücher und Studienführer zu fast jedem Thema, aber Quizze und Tests sind noch effektiver, wenn Sie sie selber erstellen. Denn die Handlung selbst ist eine Herausforderung und die Quizzfragen zu schreiben, drängt Sie dazu, sich noch einmal mit dem Material zu beschäftigen, das dient dazu auch weiterhin die neuen Kreise die Sie festlegen, zu stärken. Weiterhin werden Sie auch ein Gefühl der Erfüllung bekommen, wenn Sie einen Fragenkatalog zusammenstellen, denn das erfordert Nachdenken und Kreativität.

Aufgabe: Erstellen Sie ein eigenes Quiz

Nehmen Sie einen Stapel Karteikarten. Auf jeder Kartenseite schreiben Sie eine Frage. Auf die andere Seite schreiben Sie die Antwort zusammen mit einer kurzen Erklärung, wenn geeignet. Mischen Sie die Fragenformate, um Ihr Interesse aufrecht zu erhalten. Zum Beispiel, beziehen Sie multiple Choice Fragen, offene, Definitionsfragen und wahre/falsche Fragen in Ihr Fragenpaket mit ein. Mischen Sie die Karten und legen Sie sie auf einen Stapel. Sie können sich selbst testen oder jemand anderen bitten, Ihnen jede Frage vorzulesen. Wenn Sie eine Frage korrekt beantworten, legen Sie die Karte beiseite. Wenn Sie falsch antworten, behalten Sie die Karte auf dem Kartenstapel. Ihr Ziel ist es, jede Frage korrekt zu beantworten, sogar wenn das bedeutet, dieselbe Frage mehrmals gestellt zu bekommen!

Jemandem ein Konzept erklären, dient auch dem mehrteiligen Zweck der Wiederholung und Abrufung. Fragen Sie einen geduldigen Freund oder Verwandten, ob Sie ihnen eine mündliche Präsentation zu einem bestimmten Thema geben können. Wenn sie aufmerksam zuhören und dann nachbohrende Fragen stellen können, die Sie dazu zwingen, zu wiederholen und die Information auf neue Art auszudrücken, dann umso besser. Bericht

Je mehr Freude Sie am Lernen haben, umso eher üben Sie und umso schneller machen Sie Fortschritte.

Gehen Sie über Ihren aktuellen Wissenstand hinaus

Fordern Sie sich immer selbst heraus. Wie wir bereits festgestellt haben, müssen Sie, um eine neue Tätigkeit zu lernen gewillt sein, dasselbe Verhalten immer und immer wieder zu wiederholen. Sie werden wirklich kompetent und führen die Aufgabe auf hohem Niveau aus, aber Sie müssen auch gewillt sein ein Scheitern und Niederlagen zu riskieren, indem Sie sich selber weiter und weiter vorandrängen. Nehmen wir einmal an, Sie wollen ein guter Violinist werden. Um das zu tun ist es wichtig in regelmäßigen Abständen Violine zu spielen. Es ist aber nicht genug, dasselbe Stück immer und immer wieder zu spielen, das wird die Grenze bis zu der Sie Fortschritte machen können überschreiten. Sie müssen sich beständig die Mühe machen, einen Schritt weiter in Ihrem Kompetenzlevel zu gehen. Deswegen ist es so wirkungsvoll, wenn man einen Lehrer hat oder mit anderen zusammen lernt – Sie können sich frei von Gefälligkeit machen und werden so auch ermutigt.

Lernen braucht Inhalt, um wirkungsvoll zu sein

Denken Sie daran, dass ein wichtiger Hauptteil der Neuroplastizität darin besteht, dass die bereits bestehenden neuralen Netzwerke stärker werden, umso häufiger sie aktiviert werden. Das bedeutet, neues Wissen und neue Fähigkeiten in einen bereits bestehenden Kontext zu legen. Zum Beispiel, nehmen wir einmal an, dass Sie französisch lernen und daran arbeiten Ihren Vokabelschatz und das Grammatikwissen zu erweitern. Damit sich Ihr Gelerntes besser festsetzt und Ihre Sprachschaltung geübt wird, versuchen Sie neben dem was Sie bereits wissen neue Wörter und grammatikalische

Grundsätze anzuwenden. Wenn Sie über einen bestimmte Geschichtszeitraum etwas lernen für einen Test in der Uni zum Beispiel, dann können Sie sich die Details eher merken, wenn Sie sie diese bestimmte Zeit in Kontext mit Ereignissen, die davor und danach passiert sind bringen.

Lernen Sie schneller lessen

Wenn Sie im Moment für eine Qualifizierung lernen oder einfach nur ernsthaft viele neue Informationen zu ihrem persönlichen Vorteil lernen wollen, dann beurteilen Sie Ihre Lesegeschwindigkeit. Viele Erwachsene lesen zwischen 250 und 300 Wörter pro Minute. Mit Übung, ist es aber möglich eine Lesegeschwindigkeit von bis zu 800 Wörtern pro Minute zu erzielen! Denken Sie daran, wie viele Informationen Sie in so kurzer Zeit aufnehmen können, wenn Sie Ihr Gehirn trainieren, geschriebene Details in schneller Geschwindigkeit aufzunehmen. Es gibt viele gute Bücher und Ratgeber zum schnellen Lesen, aber mit der folgenden Übung können Sie anfangen.

Aufgabe: Beginnen Sie schnelles Lesen zu lernen

Eine beliebte Aufgabe für diejenigen, die schnelles Lesen lernen beinhaltet die Nutzung eines Zeigers. Finden Sie ein Buch, dass Sie gerne lesen würden. Stoppen Sie die Zeit wie lange Sie brauchen, um eine Seite auf Ihre gewohnte Art zu lesen. Jetzt nehmen Sie einen gespitzen Bleistift und positionieren Sie ihn so, dass die Mine direkt unter dem ersten Wort auf der neuen Seite steht. Wiederholen Sie die Übung, aber dieses Mal bewegen Sie die Mine während Sie lesen. So werden Sie merken, dass sich Ihre Lesegeschwindigkeit erhöht. Das kommt daher, weil Sie Ihren Augen und Ihrem Gehirn helfen sich eher direkt auf das Material zu konzentrieren, als über die ganze Seite zu schauen, wie schwache Leser das zu tun pflegen. Mit

Übung, werden Sie den Zeiger nicht mehr brauchen, weil ihr formbares Gehirn darauf trainiert wurde wirkungsvoller zu lesen.

Übersehen Sie nicht die emotionale Intelligenz – steigern Sie Ihren EQ und die soziale Intelligenz

Zunehmend erkennen Psychologen nicht nur den Wert der traditionellen Intelligenz, sondern auch die Vorzüge von emotionaler Intelligenz, manchmal auch als EQ bezeichnet. Eine emotional intelligente Person ist gut darin, Emotionen bei anderen zu entdecken und zu handhaben. Sie können sich auf sich selbst verlassen, dass ihre Gefühle, nicht ihren gesunden Menschenverstand außer Kraft setzen und sie sind gut darin ihre Bedürfnisse und Wünsche zu kommunizieren. Wenn Sie die vorgeschlagenen Übungen machen, die im vorherigen Kapitel beschrieben worden sind, dann werden Sie emotional und sozial intelligenter werden, weil Ihre Perspektive auf die Welt realistischer sein wird, im positiven Sinne und Sie werden gut gestellt sein mit Ihren Reaktionen und denen anderer Menschen umzugehen. Das wird Sie auch sozial intelligenter machen – Sie werden in der Lage sein zu merken, wie andere Menschen sich fühlen und Sie werden bestimmter darin sein, ein Gleichgewicht zwischen deren Bedürfnissen und Ihren eigenen erzielen können. Versuchen Sie die unten genannte Übung und trainieren Sie sich selbst in einer Schlüsselkompetenz in der sozialen Intelligenz - Körpersprache lesen lernen.

Aufgabe: Trainieren Sie sich selbst um ein Körpersprachenexperte zu warden

Stellen Sie für 10 Minuten jeden Tag Ihren Fernseher leise und zappen Sie durch die Kanäle bis Sie ein Drama oder eine Soap Opera gefunden haben in denen zwei oder drei Menschen in eine

Unterhaltung oder einen Konflikt verwickelt sind. Schauen Sie sich an wie die Schauspieler interagieren, schauen Sie auf ihre Körpersprache. Wie ist die Dynamik zwischen den Schauspielern? Wie fühlen sie sich? Wenn Sie sie einmal "gelesen" haben, machen Sie den Ton wieder an. War Ihre Einschätzung korrekt? Wenn Sie diese Übung auf regelmäßiger Basis machen, trainieren Sie sich selbst darin die Körpersprache zu verstehen. Das kann einen positiven Effekt auf Ihr soziales Leben und Ihre Fähigkeit eine Verbindung mit anderen Menschen zu schaffen haben, da sie sich fühlen werden, als ob Sie sie verstehen.

Überlegen Sie sich ein Musikinstrument zu lernen

Forschungen haben angedeutet, dass wenn Sie Noten lernen und regelmäßig ein Musikinstrument spielen, das Ihre mentalen Kapazitäten erhöht und Sie zu mehr als nur in der Lage sind zwischen einem Violin- und einem Bassschlüssel zu unterscheiden oder wie Sie Ihre Finger in den richtigen Winkel auf einer Oboe bringen. Unter anderen Fähigkeiten verbessert ein Musiker seine Aufmerksamkeitsspanne und sein Gedächtnis. Die Folgen sind klar – Ihre kognitiven Kapazitäten wachsen in diesem Bereich und das hat einen sehr vorteilhaften Effekt auf die Fähigkeiten in anderen Bereichen. Egal was Sie zu lernen versuchen, in der Lage zu sein neuen Informationen und Anregungen aufmerksam zu folgen und in der Lage zu sein sich zu erinnern, ist definitiv ein Vorteil.

Aufgabe: Werden Sie Musiker

Wenn Sie nicht schon regelmäßig ein Musikinstrument spielen, dann versuchen Sie in den kommenden Monaten Musikunterricht zu nehmen. Suchen Sie sich ein Instrument aus, dass Sie immer schon lernen wollten und schauen Sie sich nach einem Musiklehrer vor Ort um.

Wenn Sie die Aufgaben in diesem Kapitel anwenden, dann werden Sie bald bemerken, dass das Lernen erfolgreicher wird. Sie werden sich klüger fühlen und neue Fähigkeiten und Wissen leichter aufnehmen. Denken Sie daran, dass Ihr Gehirn Ihr bestes Kapital ist und riesiges Potenzial hat. Beginnen Sie heute damit es anzuwenden.

KAPITEL 4

ERREICHEN SIE IHRE ZIELE

Jetzt verstehen Sie die Grundlagenmechanismen der Neuroplastizität und was Ihr Gehirn mit dem richtigen Training erreichen kann. Es ist an der Zeit Ihr Wissen gut einzusetzen und damit zu beginnen, sich einige Ziele zu setzen! Da Sie dieses Buch gewählt und heruntergeladen haben, sind Sie wahrscheinlich an einem Punkt in Ihrem Leben angelangt, wo Sie eine wirkliche und dauerhafte Veränderung erreichen wollen. In diesem Kapitel werden Sie lernen, wie Sie Ihr gewünschtes Ergebnis visualisieren können und warum dies Ihre Chancen auf Erfolg verbessern wird. Sie werden lernen, wie Sie Ihre schlechten Gewohnheiten überwinden und sie mit positivem Verhalten ersetzen können. Sie werden sich Ihre persönlichen Ziele basierend auf einem schlauen Kriterium setzen und sich selbst die bestmögliche Chance geben die Gewohnheiten und Muster anzunehmen, die Ihnen helfen werden in jedem Bereich Ihres Lebens voranzukommen.

Der Wert der Veranschaulichung

Sie haben vielleicht schon von den vielen Profi Athleten, Schauspielern und öffentlichen Sprechern gehört, die die Veranschaulichung nutzen, bevor Sie einen Auftritt haben. Das beinhaltet, sich das gewünschte Ergebnis so detailliert wie möglich vorzustellen. Zum Beispiel, kann ein Profi Schwimmer sich vorstellen, wie er das Schwimmen mit einer starken Bewegung von der Seite des Pools aus beginnt, ein gleichmäßiges Tempo beibehält und so vor den anderen Mitstreitenden bleibt und die Ziellinie zuerst erreicht.

Warum funktioniert Veranschaulichung? Wenn Sie sich vorstellen eine bestimmte Aktivität auszuüben, dann reagiert Ihr Gehirn so, als ob es wirklich passiert. Natan Sharansky, ein Mann der für 9 Jahre in Einzelhaft in einem Gefägnis in der USSR saß, entschied sich seine Zeit dort drinnen gut zu nutzen. Um sich selber davor zu schützen verrückt zu werden, übte er Schachzüge. Da er aber kein Schachbrett benutzen durfte, spielte er das Spiel in Gedanken. Nach seiner Freilassung gelang es ihm den Weltmeister im Schach Garry Kasparov zu besiegen. Sharansky hatte sein Gehirn trainiert in dem er nichts weiter als die normale Vorstellungskraft und geistiges Üben nutzte.

Noch bemerkenswerter ist, dass geistige Vorstellungskraft sogar Muskelmasse erhöhen kann. Der Psychologe Guang Ye aus Ohio führte eine Studie durch in der er Veränderungen in der Muskelentwicklung bei Menschen verglich, die regelmäßige Workouts im Fitnesstudio machten und diejenigen, die sich nur vorstellten Übungen zu machen. Wie Sie sich denken können, hatten die Teilnehmer die ins Fitnessstudio gegangen waren ihre Stärke bedeutend erhöht, mit einem Durchschnitt von 30%. Diejenigen, die sich das Workout und Gewichtheben nur vorgestellt haben, haben dennoch ihre Leistung um 13.5% gesteigert. Daher wissen wir, das direkte Vorstellungskraft einen konkreten Effekt auf den Körper hat, der sich über die Gehirnzellen hinaus auswirkt.

Aufgabe: Veranschaulichen Sie Ihr Ergebnis

Wenn Sie Ihre Leistung in jeglicher Situation verbessern wollen, dann ist die Visualisierung ein toller Ort zum Beginnen. Zum Beispiel wollen Sie vielleicht mehr Selbstvertrauen ereichen, wenn Sie einen Vortrag halten. In dem Fall können Sie sich vorstellen, wie

Sie Backstage ruhig bleiben und die Schmetterlinge in Ihrem Bauch als eine angenehme Vorankündigung, anstatt als Angst wahrzunehmen. Dann stellen Sie sich vor, wie Sie ans Podium treten, bevor Sie Ihre Ansprache in einer klaren Tonlage halten. Egal was Sie sich vorstellen, gehen Sie sicher, alle Ihre Sinne anzuwenden, wenn Sie sich Ihr gewünschtes Ergebnis vorstellen. Was sehen, hören, riechen, schmecken, tasten und fühlen Sie in diesem vorgestellten Szenario?

Sie können Visualisierung jeden Tag im Vorfeld auf ein bestimmtes Ereignis benutzen, wie Mitwirkende das tun oder Sie können sie dazu nutzen Ihre bestimmten Ziele zu verfestigen. Zum Beispiel könnten Sie sich selbst das Ziel setzen innerhalb eines Jahres ihr eigenes Unternehmen zu gründen. In dem Fall können Sie sich mehrere Minuten am Tag dem Visualisieren widmen, wie werden Sie sich fühlen und was werden Sie erleben, wenn Sie sich morgens an Ihren Tisch setzen (oder wo auch immer Ihr Arbeitsplatz ist), um einen weiteren Tag mit Arbeiten für sich selbst zu beginnen. Wenn Sie sich bei sozialen Zusammenkünften wohler fühlen wollen, dann setzen sie sich das Ziel zwei gesellige Veranstaltungen pro Woche zu besuchen. In dem Fall können Sie Visualisierung nutzen, um sich vorzustellen wie Sie eine soziale Gesellschaft mit Behaglichkeit und Selbstvertrauen steuern, Gespräche führen und mit den Menschen um Sie herum lachen.

Die KLUGE Ziele Checkliste

Egal ob Sie ein neues Unternehmen gründen wollen, Ihren Garten aufbessern oder einen Roman schreiben wollen, KLUGE Ziele sind der beste Weg sich auf Erfolg zu trimmen. Wenn Sie ein Ziel planen, stellen Sie sicher, dass Sie die folgenden Kriterien erfüllen:

Spezifisch: Präzensieren Sie genau was Sie wollen. Zum Beispiel, "Ich werde 10 Pfund verlieren" ist ein bestimmts Ziel, wobei "Ich werde an Gewicht verlieren" keins ist.

Nachweisbar: Sie sollten die Mittel zur Beurteilung haben, ob Sie Ihr Ziel wirklich getroffen haben. Woher sollen Sie sonst wissen, ob Sie erfolgreich waren?

Erreichbar: Es ist toll sich anspruchsvolle Ziele zu setzen, aber seien Sie sich auch sicher, dass es eine Chance gibt Ihre Ziele zu erreichen! Andererseits verlieren Sie sonst den Mut.

Relevant: Jedes Ziel sollte einen Schritt dem Nahe sein, wo Sie hin wollen. Zum Beispiel, wenn Sie aufhören wollen zu trinken, kann das Ziel weniger Junk Food zu essen damit in Verbindung stehen (beide Versuche drehen sich um einen gesünderen Lebensstil) aber es ist nicht relevant für Ihr großes Ziel.

Zeitgebunden: Ihr Ziel sollte einen Endpunkt haben. Zum Beispiel "Ich höre innerhalb von 3 Monaten auf zu rauchen" ist ein Zeitgebundenes Ziel, währen "Ich höre bald auf zu rauchen" keins ist.

Übung: Setzen Sie sich drei KLUGE Ziele

Nehmen Sie sich ein Stück Papier und einen Stift und schreiben Sie drei Ziele auf, die Sie im kommenden Jahr erreichen wollen. Sind das KLUGE Ziele? Wenn nicht, formulieren Sie sie anders, bis sie alle oben genannten Kriterien erfüllt haben. Wenn Sie sich von so einem großen Ziel überfordert fühlen, dann setzen Sie sich stattdessen kleinere Ziele. Jetzt beginnen Sie damit Ihre idealen Ergebnisse zu visualisieren und machen Sie noch heute Ihre ersten Schritte!

Ziele setzen, um schlechte Gewohnheiten zu überwinden

Haben Sie schon seit Jahren versucht schlechte Gewohnheiten aufzugeben? Jetzt wo Sie die Macht der Gewohnheit zu schätzen wissen und wissen, wie einfach es ist Ihr Gehirn darauf zu trainieren nicht auf unangemessene Weise zu agieren, können Sie Schritte machen, um dies zu überwinden! Es macht nichts wie oft Sie über die Jahre in Ihre Gewohnheiten zurückgefallen sind – mit ein bisschen Bestimmung und der richtigen Herangehensweise, können Sie Ihre Routine überwinden und sich besser damit fühlen.

Aufgabe: Planen Sie eine schlechte Gewohnheit zu vernetzen

Suchen Sie sich eine Gewohnheit aus, die Sie überwinden wollen und schauen Sie sich diese näher an. Was sind die typischen Auslöser für dieses Verhalten? Wenn Sie erst einmal den Kontext auseinandernehmen, dann haben Sie eine bessere Chance alternative Verhaltensmöglichkeiten zu entwickeln, die besser sind. Ihre Aufgabe ist es die Bedingungen zu identifizieren, die jede Gewohnheit umgeben und sich dann ein neues Verhalten auszudenken, dass Sie auf regulärer Basis wiederholen können. Zum Beispiel nehmen wir mal an, Sie wollen die Gewohnheit aufgeben sich jeden Tag auf dem nach Hauseweg von der Arbeit einen Schokoriegel zu kaufen. Wenn Sie ein Problem sorgfältig bedenken, dann spielen eine Reihe an Verbindungen und Verhalten eine Rolle um diese Gewohnheit am Laufen zu halten. – Sie verlassen die Arbeit zu einer bestimmten Zeit, Sie gehen eine bestimmte Straße entlang, Sie gehen in einen bestimmten Laden und so weiter. Ok, was könnten Sie tun, um diese Kette zu durchbrechen? Vielleicht können Sie sich angewöhnen einen neuen Weg nach Hause zu laufen? Werden Sie kreativ und verpflichten Sie sich diese Gewohnheit für 30 Tage hintereinander zu durchbrechen.

Es kann schwierig und frustierend sein zu versuchen schlechte Gewohnheiten zu durchbrechen. Andererseits wissen Sie, dass es Grund zur Hoffnung gibt – wenn man bedenkt, dass unsere Gehirne ausreichend plastisch sind, sodass wir schlechte Gewohnheiten entwickeln können, sind sie auch plastisch genug, dass wir neue und gesündere Gewohnheiten annehmen können. Setzen Sie sich sensible Ziele, brechen Sie Gewohnheitsketten, visualieren Sie bessere Ergebnisse und wiederholen Sie neue Gewohnheiten – diese Schritte funktionieren wirklich und lassen Sie die Formbarkeit Ihres Gehirns nutzen.

Warum Sie überlegen sollten einen verantwortungsvollen Partner zu finden

Ein verantwortungsvoller Partner kann eine große Hilfe sein, wenn es um Zielsetzung und persönliche Entwicklung geht. Wenn Sie einen Verwandten oder Freund haben, der Interesse an einem der Konzepte in diesem Buch ausgedrückt hat, fragen Sie ihn, ob er interesse daran hat Ihr verantwortungsvoller Partner zu werden. Das bedeutet, dass Sie beide sich auf einen Plan einigen, bei dem Sie sich alle zwei Wochen, wöchentlich oder vielleicht sogar täglich überprüfen. Zum Beispiel wenn Sie versuchen kein Junk Food mehr zu essen, können Sie einige der Grundlagen und Übungen in diesem Buch nutzen. Sie können Ihren Verlässlichkeitspartner bitten, Sie mehrmals die Woche anzurufen, um eine ehrliche Zusammenfassung Ihrer Diät der letzten Tage zu erhalten. Wenn Sie beide am selben Ziel arbeiten wollen, können Sie sogar einen regulären Tag und eine Zeit wählen, um eine bestimmte Aktivität auszuüben. Wenn Sie zum Beispiel beide an Meditation interessiert sind, dann könnten Sie sich darauf einigen dieselbe Klasse in der Woche zu besuchen, sowie eine 30 minütige Meditationssitzung jeden Morgen. Mit anderen über die Schwierigkeiten des Bruchs mit den Gewohnheiten zu sprechen und das Leben auf neue Art zu sehen, kann sehr ermutigend sein.

Die Rolle der Belohnung bei Erreichung des Ziels

Gute altbekannte Belohnungen und ethische Bestechungsgelder können genauso wirkungsvoll sein eine Änderung zu ermutigen. Sie können jede dieser kostenlosen Niedrigpreis Apps da draußen nutzen oder den traditionellen Weg nehmen und eine Tabelle oder eine Grafik erstellen, in dem Sie den alt bewährten Stift und das Papier nutzen. Wählen Sie geeignete Belohnungen, die Ihre neuen, gesunden Gewohnheiten ermutigen. Zum Beispiel belohnen Sie keine snackfreie Woche mit einer großen Tafel Schokolade! Sie sollten sicher gehen auch eine Belohnung zu erhalten, wenn Sie sich selbst eine versprechen. Andererseits bringen Sie sich selber bei, dass Sie sich nicht auf Ihre eigenen Versprechungen verlassen können. Wenn Sie eine Belohnung oder ein Ergebnis gewählt haben, bleiben Sie auch dabei.

Aufgabe: Kreieren Sie ein Belohnungsbrett

Diese Aufgabe nutzt gleich zwei nützliche Konzepte in der Zielsetzung – Visualisierung und Belohnung. Für jedes Ziel nehmen Sie eine große Tafel oder eine Korktafel. Finden Sie jetzt Slogans und Bilder welche Ihr ideales Ergebnis darstellen oder einfangen. Wenn es z. B. Ihr Ziel ist eine bestimmte Summe an Geld zu sparen und dieses in ein Haus anzulegen, dann können Sie Bilder mit einbeziehen, welche die Art von Haus zeigen, das Sie kaufen wollen, zusammen mit Lack oder Stoffmuster. Stellen Sie das Brett dorthin, wo Sie es sehen können. Das wird Ihnen wortwörtlich helfen, Ihr Endziel im Auge zu behalten, das wird Ihre Motivation stärken. Wie das alte Sprichwort sagt, Achten Sie auf den Preis!

Wie Sie Ihre neue Veränderungen verstärken können

Eine weitere nützliche Technik für die Veränderung Ihres Selbstbildes und die Wahrscheinlichkeit, dass Sie Ihre Ziele erreichen können ist die Bestätigung. Bestätigungen sind kurze, prägnante Aussagen, die sich gut mit Visualisierung verbinden lassen. Sie arbeiten, indem Sie sie ermutigen zu glauben und zu agieren, als ob Sie bereits ein bestimmtes Ziel oder Ergebnis erreicht hätten oder zumindest Fortschritte in die richtige Richtung machen. Ein paar Beispiele zeigen wie dies in der Praxis aussieht.

Sagen wir mal Ihr Ziel ist es Gewicht zu verlieren und wenn Sie das tun, verbessern Sie Ihre Ernährung und die Menge der Aufgaben, die Sie jede Woche erhalten. Beispiele einer geeigneten Bestätigung in diesem Fall können enthalten:

"Ich werde jeden Tag dünner."

"Ich werde gesünder und ich liebe es."

"Wenn die Zeit vergeht, dann sehe ich besser aus und fühle mich auch besser."

"Ich esse gerne gesundes Essen und mache regelmäßig Übung."

"Ich bin erfolgreich dabei mein Gewichtsziel zu erreichen."

Beachten Sie, dass gute Bestätigungen die folgenden Eigenschaften gemeinsam haben. Erstens sollten Sie direkt in Verbindung mit dem Ziel oder dem Ergebnis stehen, dass Sie erreichen wollen. Zweitens sollten Sie positiv sein. Es gibt keinen Platz für unschlüssige Sprache, Selbstzweifel oder Mehrdeutigkeit, wenn es darum geht erfolgreich Bestätigungen zu schreiben. Schon sie laut auszusprechen, sollte Sie mit positiver Energie füllen und einen erneuten Glauben in sich selbst und Ihre Ziele legen! Drittens sollte eine gute Bestätigung kurz und erinnerungswürdig sein. Es ergibt keinen Sinn langatmige Statements zu kreieren, die Sie sich nicht merken können.

Bestätigungen funktionieren im Gehirn auf dieselbe Art wie die Visualisierungsübungen. Wenn Sie eine Absicht oder ein Ergebnis für sich selbst regelmäßig wiederholen, dann beginnt Ihr Gehirn damit diesen Zustand als Realität anzusehen. Dies löst einen Kaskade Effekt aus, wobei Ihr Verhalten beginnt Ihre neuen Vorstellungen zu reflektieren. Ein positiver Kreislauf beginnt in dem Sie Ihre Bestätigung akzeptieren, mit Ihren neuen Vorstellungen in einer Reihe agieren, Beweise erhalten, dass Sie in der Lage sind sich zu ändern und noch mehr dazu in der Lage sind sich angepasster zu verhalten und so weiter.

Aufgabe: Entwickeln Sie Ihre eigenen Bestätigung

Sammeln Sie basierend auf der obigen Checkliste mindestens drei eigene Bestätigungen, die in Verbindung mit Ihren Ziele und Wünschen stehen. Jetzt finden Sie einen Weg diese in Ihr tägliches Leben zu integrieren. Einige Menschen mögen es Ihre Bestätigungen zu wiederholen wenn Sie morgens aufwachen, um den Tag positiv zu beginnen. Andere sagen sie gerne als letzte Tat am Abend auf. Probieren Sie es aus und finden Sie heraus was für Sie am besten funktioniert.

Wenn Sie Meditation als regelmäßige Übung angenommen haben, dann können Sie es mit Bestätigungen und Visualisierung kombinieren für einen wirkungsvollen Schub, wann immer Sie fühlen, dass Sie eine Krise haben, wenn es darum geht einen Fortschritt mit Ihren Zielen zu machen. Zum Beispiel wenn Sie auf ihrem Weg zum Gewichtsverlust auf ein Hindernis treffen – Sie fahren in den Urlaub und nehmen ein wenig zu. Das beste solch einen Rückschlag zu behandeln ist sich selbst nicht zu bestrafen oder in Selbstmitleid zu verfallen, sondern positive Selbstgespräche und Bestätigungen, um die Dinge wieder ins Rollen zu bringen.

Um mit diesem Beispiel weiter zu machen, sollten Sie sich eine halbe Stunde hinsetzen und sich auf sich selbst konzentrieren, sich erneut ihrem Ziel Gewicht zu verlieren verpflichten. Beginnen Sie mit 15 Minuten Meditation, das ermöglicht Ihnen sich mit Ihrem Körper zu verbinden und sich selbst in die Gegenwart zu versetzen, das wiederum hilft Ihnen dabei aufzuhören sich selbst geistig für den Fehler zu bestrafen. Sie können mehrere Minuten damit verbringen Visualisierungstechniken zu nutzen und darüber nachdenken, wie Sie Ihre Diät und Ihren Übungsplan mit sofortiger Wirkung fortsetzen können. Sie können sich vorstellen wie gut Sie aussehen werden und sich nach nur ein paar Wochen des Planfolgens vielleicht vorstellen, wie schön es wäre morgens voll von Energie aufzuwachen oder an den Strand zu gehen und sich im Badeanzug selbstbewusster zu fühlen. Zum Schluss können Sie ein paar Minuten damit verbringen Bestätigungen zu nutzen, welche den Gedanken, dass Sie es gut machen und weiterhin guten Fortschritt machen verstärken, bis Sie das gewünschte Ergebnis erzielen. Denken Sie daran, eine positive und proaktive Annäherung wird Sie eher im Leben weiterbringen, als Selbstgeißelung und Wiederkäuen, egal wie Ihre Ziele und Absichten sind. Menschen verändern sich selten als Folge von Kritik.

Zusammenfassung – Wie es jetzt weitergeht

Jetzt haben Sie das ganze Hintergrundwissen dass Sie brauchen, um den ganzen Nutzen aus der Neuroplastizität zu ziehen, zusammen mit einer Anzahl an praktischen Übungen, die Ihnen helfen werden, gesündere Gewohnheiten zu entwickeln, neue Arten des Denkens zu lernen und Ihr Gehirn zu trainieren, sodass Sie sich in Richtung Ihres wichtigen Lebensziel bewegen können.

Denken Sie daran, Ihr Gehirn ist plastisch und hat das Potenzial neue Größen der Exellenz zu erreichen, das passiert nicht von allein. Um das beste aus Ihrem Gehirn herauszuholen müssen Sie einen andauernden Aufwand betreiben, um die Windungen zu verändern. Das bedeutet bereit zu sein, die Techniken aus dem Buch regelmäßig anzuwenden! Zum Beispiel kann Meditation sofortige Auswirkungen auf Ihre Stimmung haben und Sie schnell beruhigen, aber wenn Sie ernsthaft Ihr Gehirn trainieren wollen, um bessere Entscheidungen zu treffen und täglich in der Gegenwärt leben wollen, anstatt in der Vergangenheit oder der Zukunft, müssen Sie sich die Zeit zum Üben nehmen. Setzen Sie sich selber relevante Ziele, die es Ihnen ermöglichen ständigen Progress zu machen. Seien Sie sicher, dass diese Ziele herausfordernd aber auch erreichbar sind. Sie sollten versuchen über Ihre Bequemlichkeitszone hinaus zu gehen, aber nicht so weit, dass Sie mutlos werden, wenn Sie es versuchen und an einer bestimmten Herausforderung scheitern. Zum Beispiel ist es nicht realistisch, sich selbst ein Ziel zu setzen, niemals mehr negativ zu denken. Andererseits ist es machbar sich selbst das Ziel der Veränderung im Angesicht des negativen Denkens zu entwickeln, mindestens 5 Mal jeden Tag. Auf diese Art werden Sie ganz langsam zu einem positiven Denker. Schon bald werden Sie die Gewohnheit haben ihre trostlosesten Gedanken mit konstruktiveren Alternativen zu konfrontieren und so Ihr Gehirn zu vernetzen.

Was immer auch Ihre Veränderung sein soll und wie auch immer Sie die Neuroplastizität Ihres Gehirns nutzen wollen, Beständigkeit ist der Schlüssel. Ändern Sie Ihre Gewohnheiten, Gedenkmuster und Ihr Leben noch heute! Viel Glück!